KÖSTLICH KOCHEN – BILD FÜR BILD

LEICHTE KÜCHE

ITALIENISCHE ZUTATEN UND REZEPTE MIT ÜBER
500 SCHRITT-FÜR-SCHRITT-FOTOS

BARBARA TOSELLI

KÖSTLICH KOCHEN – BILD FÜR BILD

LEICHTE KÜCHE

ITALIENISCHE ZUTATEN UND REZEPTE MIT ÜBER 500 SCHRITT-FÜR-SCHRITT-FOTOS

ueberreuter

Danke, dass Sie sich für unser Buch entschieden haben.
Wir freuen uns, wenn wir Sie auch weiterhin über unsere Neuerscheinungen informieren dürfen und laden Sie ein, unseren Newsletter unter www.ueberreuter-sachbuch.at zu abonnieren. Sie erreichen uns auch direkt unter office@ueberreuter-sachbuch.at.

1. Auflage 2020
ISBN 978-3-8000-7801-1
Aus dem Italienischen von Elisabetta De Luca

Italienische Originalausgabe: Cucina Leggera

Via Mazzini, 6 – 43121 Parma/Italia
(www.dalcoedizioni.it)

Autorenfoto und Rezepte: Barbara Toselli
Coverfoto und Fotos im Innenteil: Piermichele Borraccia (pp. 14–15)
Covergestaltung: Saskia Beck, s-stern.com/Cristiana Mistrali
Lektorat: Anke Weber
Satz: Hannes Strobl, Satz·Grafik·Design, Neunkirchen
Druck und Bindung: Italien
www.ueberreuter-sachbuch.at

Inhalt

10 Grundlagen

24 Vorspeisen (Antipasti)

68 Nudeln & mehr (Primi)

122 Hauptspeisen (Secondi)

184 Süßspeisen (Dolci)

220 Inhaltsverzeichnis

Die leichte Küche

Ein Spruch, der Tag für Tag an Modernität gewinnt, lautet „less is more" – „weniger ist mehr". Es ist daher kein Zufall, dass heutzutage viele Menschen auch in der Küche auf Reduktion setzen. Nach Jahren gastronomischen Überflusses gewinnt die Idee einer Rückkehr zur Einfachheit – mit dem Ziel, besser zu essen und zu leben – immer mehr an Bedeutung: Es gilt, die Lebensmittel neu zu entdecken (selbst zu pflücken, zu fischen oder anzubauen), ohne ihren Geschmack mit aufdringlichen Saucen, Gewürzen oder Beilagen zu überlagern oder durch zu aggressive, lange und wenig gesunde Zubereitungsweisen zu verfälschen. Das ist eine Esskultur, die – wenn nicht gar eine Lebensphilosophie – so doch zumindest ein Verhaltenskodex bei Tisch sein könnte. Und nicht nur das: eine Art der Küche, die unserer Sehnsucht nach Leichtigkeit und Authentizität entgegenkommt.

Dieses Buch, das in die Kapitel Vorspeisen (Antipasti), Nudeln und mehr (Primi), Haupstspeisen (Secondi) und Süßspeisen (Dolci) unterteilt ist, präsentiert eine Küche, die „leicht" ist, nicht weil sie arm oder von geringem Wert ist, sondern weil sie sich all dessen entledigt, was nicht notwendig ist.

Spaghetti, Lasagne und Ravioli (Nudeln und mehr – Primi) werden in ihrer Vollwertversion präsentiert oder mit alternativen Mehlsorten, wie z. B. aus Buchweizen, hergestellt und werden immer mit Gemüse serviert.

Im Kapitel, das den Hauptspeisen (Secondi) gewidmet ist, finden Sie Rezepte, die im Backofen, in der Folie oder gedämpft zubereitet werden, was die Kalorien reduziert, aber nicht den Geschmack. Selbst bei der Zubereitung in der Bratpfanne schlagen wir leichtere Alternativen vor: Die klassische „Blanquette di pollo“ (Hühnerfrikassee, siehe Seite 132) beispielsweise wird in Reismilch gekocht, ganz ohne zu braten, was weniger fett und besser verdaulich ist. Die „Polpettine di tonno“ (Thunfischbällchen, siehe Seite 172) werden gedünstet, was zu weniger Verdauungsproblemen führt als beim Frittieren.

Was die Gewürze betrifft, so ist es eine hervorragende Lösung, das Salz oder die „fetten“ Saucen durch Olivenöl extra vergine von bester Qualität, viele Kräuter wie Thymian, Basilikum, Oregano, Majoran oder exotische Gewürze wie Ingwer, Zimt, Muskatnuss oder Lemongrass (Zitronengras) zu ersetzen und so jedes beliebige Gericht faszinierend und einzigartig zu machen.

Im Kapitel, das den Süßspeisen (Dolci) gewidmet ist, stellen wir Kekse, Torten, Plumcakes und Mousses vor, die „leichter“ sind, was den Kalorien-, Fett- und Zuckergehalt anbelangt, nicht aber den Geschmack. Die Verwendung von Joghurt oder magerem Käse wie Ricotta (Frischkäse) statt Sahne gibt den diversen Zubereitungsarten eine frischere Note und sorgt für bessere Verdaulichkeit. Ebenso was den weißen raffinierten Zucker betrifft, der durch natürliche Süßungsmittel wie Honig, Agaven- oder Ahornsirup, aber auch durch Vollrohrzucker ersetzt wird, der reicher an Nährstoffen und weniger süß ist.

Es gibt also viele Arten, eine leichtere und geschmackvollere Küche zu entdecken. Dieses Buch soll Ihnen eine wertvolle Hilfe sein, auf eine neue Art zu kochen.

Grundlagen

Obst und Gemüse, aber auch Samen, Sprossen, Gewürze und Trockenfrüchte. Es gibt viele Lebensmittel, die man verwenden kann, um leichte Gerichte aufzuwerten.

MEHR LEICHTIGKEIT IN DER KÜCHE

Man muss nicht auf leckere und köstliche Gerichte verzichten, wenn man die Kalorien reduziert. Zubereitungsarten wie Dämpfen und Backen kommen uns dabei zu Hilfe, aber mit ein paar einfachen Tricks kann man auch die klassischen Rezepte durch gleichwertige, leichtere Alternativen ersetzen, und zwar dank einiger Zutaten, die immer passen: So kann beispielsweise Quark (Topfen) anstelle von Mozzarella verwendet werden, Soja- anstelle von Kuhmilch und frische, duftende Kräuter anstelle von Salz.

Gewürze, Kräuter und Aromen

Um ein leichtes, aber dennoch schmackhaftes Gericht zuzubereiten, muss man in erster Linie die Gewürze im Auge behalten, von denen man normalerweise zu viel verwendet, und bevorzugt alles „Fette" eliminieren, z. B. Saucen. Olivenöl extra vergine ist hingegen eine wertvolle Zutat, die in kleinen Mengen für Fleisch, Fisch und Gemüse verwendet werden kann. Wenn man das Salz reduzieren möchte, kann man auf viele Gewürze und Kräuter zurückgreifen, die den Geschmack der Lebensmittel zur Geltung bringen. Rosmarin, Basilikum, Petersilie, Thymian und Oregano passen hervorragend zu Fisch, Gemüse und Fleisch, sowohl frisch als auch getrocknet. Curry, Kümmel, Paprika und Pfeffer geben den Gerichten einen exotischeren Geschmack und können fast zur Gänze das Salz ersetzen.

Alternativen zur Milch

Ob aufgrund von Verdauungsproblemen oder aus kulinarischen Erwägungen, das Ersetzen von Kuhmilch durch pflanzliche Milch wird von Tag zu Tag einfacher. Reich an Vitaminen und Spurenelementen können pflanzliche Milch und Sahne für viele Gerichte verwendet werden. So ist Sojamilch als Ersatz für Béchamelsauce und Light-Mayonnaise geeignet. Reismilch hingegen ist sehr leicht und süß, weshalb sie perfekt fürs Frühstück oder Cremes und Pudding verwendet werden kann.

Natürliche Süßungsmittel

Die Alternativen zum weißen Zucker sind mannigfaltig. Wenn Sie sich entscheiden sollten, Zucker zu verwenden, wählen Sie Vollrohrzucker: Da er keinen chemischen Prozessen unterzogen wird, enthält er mehr Nährstoffe und ist deshalb gesünder. Der intensive Geschmack macht ihn besonders geeignet für Torten. Ein weiterer wertvoller Zuckerersatz ist der Honig, von dem viele unterschiedliche Arten im Handel angeboten werden: Man verwendet ihn zum Süßen von Kaffee, Cremes und Mousses. Weitere natürliche Süßungsmittel sind Malz und Sirup, wie jener der Agave oder der Akazie, ideal für kalte Getränke, Plumcake und das Frühstücksmüsli.

Quark und griechisches Joghurt

Leicht, frisch, kalorienarm – Quark ist eines der vielseitigsten Milchprodukte. Mit seinem delikaten Geschmack verleiht er salzigen Gerichten anstelle von Mozzarella einen Hauch von Frische. In Süßspeisen kann er Butter oder Mascarpone ersetzen und harmoniert mit Gewürzen, Marmelade sowie Honig. Auch griechisches Joghurt ist ein wertvoller Verbündeter im Zuge einer gesunden Ernährung: Es hilft dem Stoffwechsel auf die Sprünge und macht Gerichte leichter, es kann als Salatdressing oder Marinade genutzt, mit frischen Früchten gereicht oder für die Zubereitung von Süßspeisen verwendet werden.

Messer mit Wellenschliff
Nudelsieb
kleine Keramikschüsseln
Honigstab
Reibeisen

Schneebesen
Zitruspresse
Kochlöffel
Bambusdämpfer
(Bambuskörbchen zum
Dämpfen)

BÉCHAMELSAUCE OHNE BUTTER MIT REISMILCH

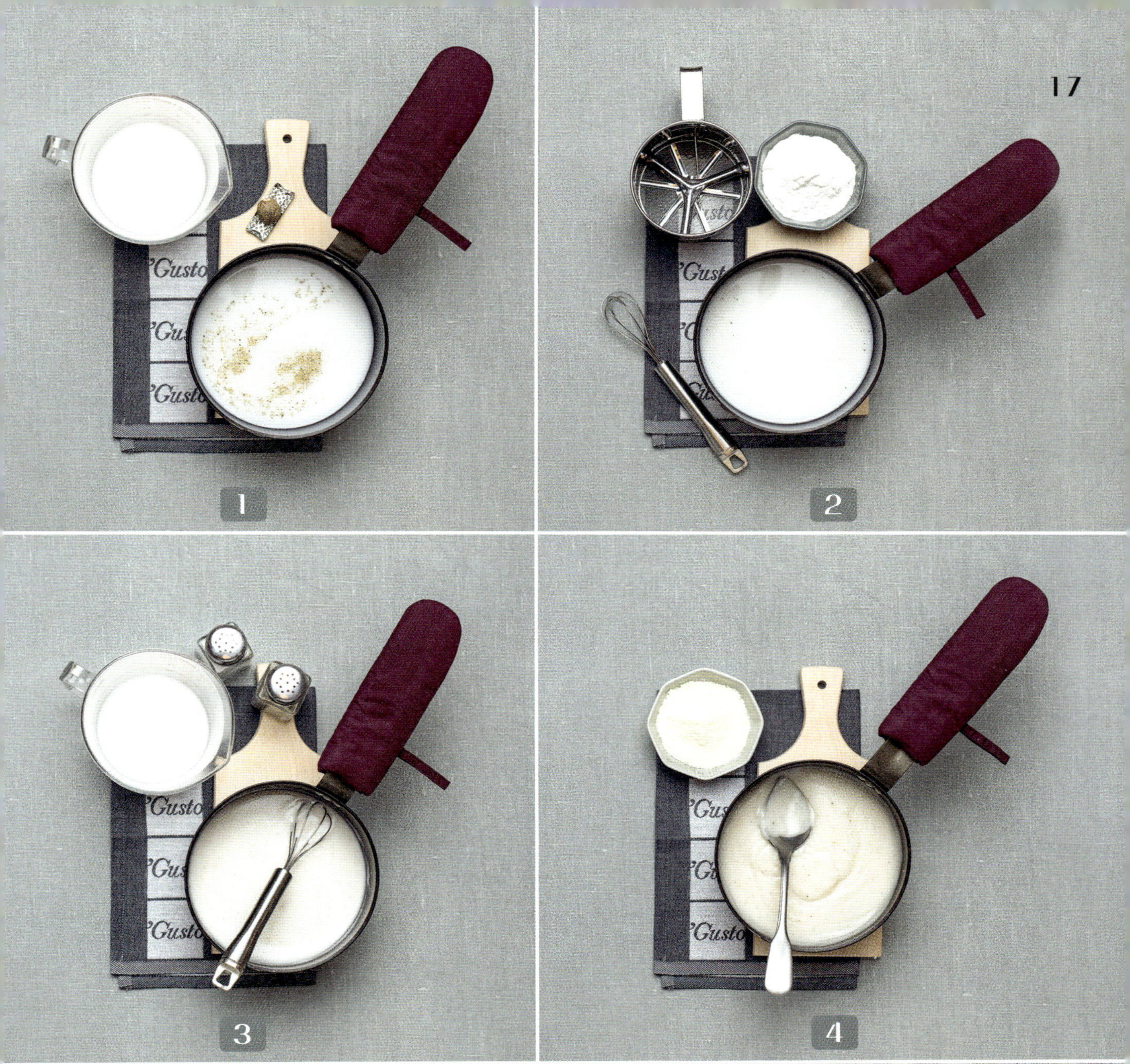

1 In einem Topf mit dickem Boden 100 ml Reismilch erhitzen und reichlich Muskatnuss hineinreiben.

2 Das gesiebte Reismehl beimengen und rasch mit einem Schneebesen umrühren, um Klümpchen zu verhindern.

3 Jetzt den Rest der Milch hinzufügen, salzen, pfeffern und weiterrühren, bis man eine dicke und cremige Sauce erhält.

4 Nach Belieben 1–2 EL geriebenen Parmesan dazugeben und unter ständigem Rühren auflösen.

MAYONNAISE OHNE EIER MIT SOJAMILCH

1

2

3

4

1 Den Saft einer Zitrone auspressen. Für die Zubereitung werden ca. 2 volle EL benötigt.

2 Sojamilch, Olivenöl, Zitronensaft und eine Prise Salz in ein hohes schmales Gefäß geben.

3-4 Nun mit dem Stabmixer so lange aufschlagen, bis man eine glatte und kompakte Mayonnaise erhält. Für die gelbe Farbe kann man eine Prise Kurkuma hinzufügen.

Um der Sauce mehr Aroma zu verleihen, kann man mit etwas gehacktem Dill oder Schnittlauch würzen.

KOCHEN IN DER FOLIE

1 Ein großes Blatt Backfolie auf die Arbeitsfläche legen und das Lebensmittel, welches zubereitet werden soll, darauflegen (in diesem Fall den Fisch).

2 Wenn die Speise trocken ist und keinen Sud während des Bratens absondert, mit ein wenig Suppe, Wasser oder Wein begießen. Mit Gewürzen, Kräutern oder Aromen würzen.

3-4 Die Folie wie ein Bonbon verschließen, die Enden mit Küchenschnur zubinden, sodass es gut verschlossen ist. Nun bei ca. 200 °C für die nötige Kochzeit backen. .

Es ist eine einfache und wirkungsvolle Idee, die Ihre Freunde verblüffen wird, wenn man die einzelnen Portionen in Päckchen zubereitet, die später jeder Gast selbst auf seinem Teller öffnen kann.

DÄMPFEN

1

2

3

4

1 Einen tiefen Topf zur Hälfte mit Wasser füllen.

2 Nun einen dafür geeigneten Aufsatz aus Holz oder Metall daraufsetzen.

3 Backfolie in den Einsatz legen und die zu dämpfenden Lebensmittel hineingeben (hier Gemüse), vorzüglich geputzt und geschnitten.

4 Jetzt den Dämpfkorb mit dem Deckel schließen, auf den Herd stellen und das Wasser zum Kochen bringen. Ab und zu kontrollieren, dass die Flüssigkeit nicht komplett verdampft.

Vorspeisen

Um ein Essen mit Leichtigkeit zu beginnen, braucht es Zubereitungsweisen, welche die Gerichte nicht zu deftig machen und mit jedem Bissen Frische verleihen.

VOLLKORN-MINISTRUDEL MIT RADICCHIO

60 g Olivenöl extra vergine

1 Handvoll Semmelbrösel

2 Büschel roter Radicchio (di Treviso)

70 g Vollkornmehl oder Halbvollkornmehl

Salz

Pfeffer

2 Zweige Thymian

180 g glattes Weizenmehl (Type 405)

150 g Provola dolce (Käse)

90 ml Wasser

2 rote Zwiebeln

1 Die beiden Mehlsorten in eine große Schüssel sieben und vermischen.

2 Danach 50 g Olivenöl, etwas Salz und etwas kaltes Wasser hinzufügen und mischen.

3 Das Ganze zu einem festen Teig kneten. Bei Bedarf noch etwas Wasser hinzufügen.

4 Eine Kugel formen, mit Küchenfolie bedecken und für 30 Minuten im Kühlschrank ruhen lassen.

5 Nun die Semmelbrösel in einer beschichteten Pfanne etwas rösten.

6 Die Zwiebeln in Scheiben schneiden und in einer Pfanne mit Olivenöl anbraten.

7

8

9

10

11

12

7 Dann den Radicchio waschen, putzen und in dünne Streifen schneiden.

8 Das Gemüse zu den Zwiebeln geben, salzen, pfeffern und weich dünsten.

9 Den Teig in 6 gleiche Teile teilen und diese zu ca. 3 mm dünnen Ovalen ausrollen.

10 Die Stücke auf ein Backblech legen und mit gerösteten Semmelbröseln, Thymian und Provola belegen.

11 Nun jeweils 1 EL vom Radicchio daraufgeben, den Teig einrollen und an den Enden falten.

12 Den Teig nun leicht perforieren und die Mini-Strudel bei 180 °C für 25–30 Minuten backen.

KALTE MELONENSUPPE

1

2

3

4

1 Die Melone in zwei Hälften teilen, die Kerne und das Kerngehäuse mit einem Löffel entfernen und in Spalten schneiden.

2 Nun die Spalten schälen und mit einem scharfen Messer in Würfel schneiden.

3 Dann die Toastbrotscheiben in einem tiefen Teller in Essigwasser einweichen.

4 Die Melonenstücke in eine Schale geben und mit Olivenöl, Salz und Pfeffer würzen.

5

6

7

8

5 Danach die Melone mit dem leicht ausgedrückten Toastbrot vermengen und pürieren.

6 Den Prosciutto in Streifen schneiden und diese in einer beschichteten Pfanne anbraten.

7 In einer anderen beschichteten Pfanne die Mandeln – ohne Beigabe von irgendwelchen Gewürzen – rösten.

8 Das Melonenpüree nun in kleine Schüsseln gießen und mit den gerösteten Mandeln und Schinkenstreifen garnieren.

AVOCADOTÖRTCHEN MIT BASILIKUM UND PROSCIUTTO

1

2

3

4

5

6

1 Die Avocado in zwei Hälften teilen und den Kern entfernen.

2 Das Fruchtfleisch mit einem Löffel herausholen und mit etwas Salz würzen.

3 Nun die Limette aufschneiden und den Saft auspressen.

4 Danach die Avocado mit Limettensaft, Basilikum und etwas Salz pürieren.

5 Das Brot in Scheiben schneiden und im Backofen bei 190 °C rösten, bis es eine goldene Farbe angenommen hat.

6 Das Avocadomousse auf die Brotscheiben streichen und mit jeweils 1 Scheibe Prosciutto vollenden.

CRACKER MIT TOMATEN-MANDEL-CREME

1 **Die beiden Mehlsorten gemeinsam mit dem Mohn und 1/2 TL Salz in einer Schüssel vermischen.**

2 **Dann eine Mulde machen und die bei Raumtemperatur erweichte Butter sowie die Milch hineingeben.**

3 **Das Ganze zu einem kompakten, glatten Teig verkneten. Mit einem Teigroller ein paar Millimeter dünn ausrollen und die Oberfläche vorsichtig mit einer Gabel einstechen.**

4 **Nun mit einem Ausstecher Kreise von ca. 3 cm Durchmesser ausstechen und diese auf einem mit Backpapier belegten Backblech auflegen.**

5 Die Cracker nun bei 200 °C 5–6 Minuten (bzw. bis sie goldbraun sind) im Backofen backen.

6 Danach die Kapern einige Minuten in Wasser einweichen, um sie vom Salz zu befreien, und abspülen.

7 Das Basilikum waschen und trocknen, ebenso die Kirschtomaten. Diese nun in Hälften schneiden.

8 Am Schluss alles mit den zuvor eingeweichten Tomaten, Mandeln, Olivenöl, Knoblauch, Salz und Pfeffer in den Mixer geben und zu einer Creme pürieren, die man mit Crackers serviert.

ZUCCHINIRÖLLCHEN MIT THUNFISCH UND KAPERN

1

2

3

4

5

6

1-2 Die Zucchini an den Enden abschneiden, in nicht zu dünne Scheiben schneiden und dämpfen.

3 Die Jungzwiebel putzen und fein hacken.

4 Nun gemeinsam mit dem abgetropften Thunfisch und dem Käse im Mixer pürieren.

5 Die Oliven und Kapern in Wasser entsalzen und danach fein hacken.

6 Anschließend mit der Thunfischcreme vermengen.

Die Zucchini-Röllchen zum Schluss 30 Minuten ruhen lassen und kalt servieren.

7

8

9

10

7 Die Masse nun gleichmäßig auf die Zucchinischeiben streichen und zusammenrollen.

8 Den Lauch putzen, waschen und auf einem Schneidbrett mit einem scharfen Messer in feine Streifen schneiden.

9 Dann die Lauchstreifen in einem Topf mit kochendem Salzwasser kurz blanchieren.

10 Die Zucchiniröllchen jeweils mit einem Lauchstreifen zuknoten und mit Basilikumblättern garnieren.

TINTENFISCH-SALAT MIT FENCHEL, ORANGEN UND OLIVEN

1

2

3

4

5

6

1 Die Tentakel des Tintenfisches in kleine Stückchen schneiden und dabei die Spitzen ganz lassen.

2 Die Fenchelknolle säubern und in sehr dünne Scheiben schneiden.

3 Die Orange filetieren, den Saft in einer kleinen Schüssel auffangen und den Rest auspressen.

4 Nun den fein gehackten Wildfenchel mit dem Orangensaft vermengen, salzen und pfeffern.

5 Dann Olivenöl hinzufügen und umrühren, bis eine cremige Emulsion entsteht.

6 Danach die Kapern in einer Schüssel Wasser einweichen, entsalzen und abspülen.

7 Die Fenchel- und Orangenscheiben auf einem Teller anrichten.

8 Darauf die abgetropften und abgetrockneten Oliven und Kapern verteilen.

9 Die Tintenfischstücke dazugeben und alles wie einen Salat mischen.

10 Zum Schluss mit der Orangenmarinade übergießen und vor dem Servieren noch einmal gut durchmischen. Mit dem restlichen gehackten Wildfenchel garnieren.

BUCHWEIZEN-PIZZETTE MIT BRESAOLA UND ZUCCHINI

1

2

3

4

5

6

1 **Die Hefe gemeinsam mit dem Malz in einer kleinen Schüssel mit der Hälfte des Wassers auflösen.**

2 **Im restlichen Wasser 6–7 g Salz auflösen.**

3 **Nun die beiden Mehlsorten vermengen, dann das Wasser mit der Hefe und dann Salz hinzufügen.**

4 **Jetzt noch 20 g Olivenöl hinzufügen und das Ganze gut zu einem Teig vermengen.**

5 **Mit einer Küchenfolie zudecken und den Teig ca. 1 Stunde gehen lassen.**

6 **Danach den Teig in 15 Portionen zu je 40 g teilen und zu Kugeln formen. Nochmals 15 Minuten bedeckt gehen lassen.**

7

8

9

10

11

12

7 Die Teigkugeln nun auf ein mit Backpapier belegtes Backblech legen und leicht eindrücken.

8 Dann den Teig ein letztes Mal mit einem Leinentuch bedeckt 35 Minuten aufgehen lassen.

9 Die Zucchini putzen und in dünne, lange Scheiben schneiden.

10 Die Zucchinistreifen nun kurz beidseitig auf einer heißen gerillten Gusseisenplatte grillen.

11 Danach die Teigscheiben mit den Zucchinistreifen und dem Parmesan belegen.

12 Jetzt noch die Bresaola darauflegen, mit Olivenöl beträufeln, salzen und pfeffern. 15 Minuten bei 200 °C im Ofen backen.

CROSTINI MIT LABNEH UND GEBRATENEN PAPRIKASTÜCKEN

1

2

3

4

5

6

1 Das Joghurt mit 1/2 TL Salz vermischen und 24 Stunden in einer Schüssel in den Kühlschrank stellen.

2 Ein Stück Gaze über eine Schüssel spannen und am Rand anbinden. Nun das Joghurt daraufgeben.

3 Die Schüssel erneut 24 Stunden im Kühlschrank aufbewahren, dann den Labneh zur Seite stellen.

4 Jetzt die Paprikaschote waschen und in einer beschichteten Pfanne braten, bis die Schale schwarz geworden ist.

5 Die Paprikaschote noch heiß in eine Papiertüte stecken, wie sie für Brot verwendet wird.

6 Nach ca. 10 Minuten herausnehmen und abschälen.

7 Die Paprikaschote nun in dünne Streifen schneiden und mit Olivenöl, Salz, Pfeffer, dem gehackten Knoblauch sowie den Basilikumblättern würzen.

8 Das Brot der Länge nach in zwei Hälften schneiden und einige Minuten im Backofen toasten.

9-10 Danach mit Labneh bestreichen und reichlich pfeffern. Die marinierten Paprikastücke daraufverteilen, das Baguette in kleine Stücke schneiden und servieren.

Der Labneh ist eine Käseart auf Joghurtbasis aus dem Nahen Osten. Er kann auch mit Kräutern wie Thymian oder Minze gewürzt werden.

ZUCCHINI AUF LEICHTE SCAPECE-ART

1 Die Zucchini waschen, die Enden abschneiden und der Länge nach in dünne Scheiben schneiden.

2 Die Streifen auf beiden Seiten in einer heißen gerillten Gusseisenpfanne braten.

3 Danach die gegrillten Zucchinistreifen auf einen Teller legen und abkühlen lassen.

4 In der Zwischenzeit die Pinienkerne in einer beschichteten Pfanne rösten.

5

6

7

8

5 Den Knoblauch schälen, entzweischneiden und den Keim bzw. Stängel entnehmen.

6 Nun die Minze- und Basilikumblätter mit den Pinienkernen, Salz, Pfeffer und einer 1/2 Knoblauchzehe pürieren.

7 Dann etwas Olivenöl und Essig hinzufügen und weitermixen, bis man eine cremige Flüssigkeit erhält.

8 Abschließend die Sauce über die Zucchini gießen und mindestens 2 Stunden ruhen lassen. Vor dem Servieren gut durchmischen.

GEFÜLLTE TOMATEN MIT HUMMUS

1

2

3

4

1 Die Kichererbsen über Nacht in einer großen Schüssel mit Wasser einweichen.

2 Abseihen, abwaschen und mit etwas Salz und dem Lorbeerblatt weich kochen.

3 Nun die Zitrone aufschneiden und entsaften.

4 Danach die weich gekochten Kichererbsen abseihen und mit 4 EL Zitronensaft, 2 EL Olivenöl sowie 2 geschälten Knoblauchzehen und der Tahina-Paste pürieren.

5

6

7

8

5 Etwas Wasser hinzufügen, um eine glatte und kompakte Creme zu erhalten. Mit Salz und Pfeffer abschmecken.

6 Die Kirschtomaten waschen, trocknen und in Hälften schneiden. Dann den Koriander fein hacken.

7 Mit einem Teelöffel die Tomaten von den Kernen befreien.

8 Die Tomatenhälften auf eine Servierplatte legen und mit einem Spritzsack den fertigen Hummus einfüllen. Mit Paprikapulver und gehacktem Koriander bestreuen, mit Olivenöl beträufeln.

GERÖSTETE BROTSCHEIBEN MIT KAPERNPESTO UND AUBERGINEN

1

2

3

4

5

6

1 Die Kapern ca. 1 Stunde in lauwarmem Wasser einweichen, entsalzen und abseihen.

2 Nun gemeinsam mit Petersilie, Oregano, Pfeffer, Mandeln und 1 kleinen Tasse Olivenöl pürieren.

3 Alles gut mixen und ggf. etwas Olivenöl hinzufügen, bis die Masse eine Pâté-Konsistenz hat.

4 Danach die Aubergine in Scheiben schneiden und gut salzen, um das Wasser zu entziehen.

5 Die Auberginescheiben in einer Pfanne von beiden Seiten anbraten und dann in Würfel schneiden.

6 Die Tomaten waschen und auf einem Schneidbrett in Würfel schneiden.

7

8

9

10

7 Die Tomatenstücke in einer Schale mit Olivenöl, Basilikum, Salz und Pfeffer marinieren.

8 Die Brotscheiben nun ebenfalls auf beiden Seiten in einer sehr heißen Gusseisenpfanne rösten.

9 Die gerösteten Brotscheiben (Bruschette) dann mit dem Kapernpesto bestreichen.

10 Zum Schluss mit den Tomaten- und Auberginenwürfeln bestreuen und servieren.

Nudeln & mehr

Pasta und Getreide verschmelzen mit Gemüse, Käse
und leichten Saucen zu Gerichten,
die nicht auf Geschmack und Vielfalt verzichten.

SPAGHETTI MIT GARNELEN, ZUCCHINIBLÜTEN UND TOMATEN

1

2

3

4

5

6

1 Die Garnelen putzen, ausnehmen und abschälen. 4 davon im Ganzen lassen. Zur Seite stellen.

2 Nun die Spaghetti die Hälfte der Kochzeit vorkochen.

3 Den Knoblauch abschälen. Die Tomaten putzen und dann in Hälften schneiden.

4 Die Petersilie waschen, putzen und fein hacken.

5 Die gehackte Petersilie und die zerdrückten Knoblauchzehen nun in einer Pfanne mit heißem Olivenöl anrösten.

6 Dann das ausgelöste Garnelenfleisch sowie die 4 ganzen Scampi mitbraten.

7

8

9

10

7 Das Ganze 5 Minuten braten lassen und mit Weißwein ablöschen. Verdunsten lassen und danach die Tomaten mit einer Prise Salz hinzufügen.

8 Jetzt die Hälfte der geputzten und der Länge nach in Hälften geschnittenen Zucchiniblüten dazugeben und noch 1–2 Minuten braten lassen.

9 Die Pasta mit einer Zange aus dem Wasser nehmen und zum Scampi-Sugo geben. Bei Bedarf etwas Kochwasser hinzufügen.

10 Die Pasta im Sugo 1 Minute weitergaren. Weiterhin vorsichtig etwas Kochwasser hinzufügen und ganz zum Schluss noch die restlichen Zucchiniblüten unterheben.

DINKEL MIT GEBRATENEM BLUMENKOHL, GEWÜRZEN UND MANDELN

1 Blumenkohl und Brokkoli putzen, die Röschen abschneiden und zerkleinern.

2 Den Knoblauch, etwas Chili, Olivenöl, die Gewürze sowie Salz und Pfeffer hinzufügen.

3 Das Ganze in eine feuerfeste Form schütten und 25 Minuten bei 200 °C garen.

4 Jetzt den Dinkel 15–20 Minuten kochen. Die Mandeln in einer beschichteten Pfanne rösten.

5 Den Dinkel abseihen, in eine Schüssel geben und den gebratenen Blumenkohl und Brokkoli hinzufügen.

6 Nun alles gut durchmischen, mit Olivenöl, Salz und Pfeffer würzen sowie mit gerösteten Mandeln verfeinern.

SARDISCHE GNOCCHI MIT ARTISCHOCKEN UND SARDINEN

1 Den Saft einer Zitrone in eine Schüssel mit kaltem Wasser geben.

2 Die Artischocken putzen, indem Sie die äußeren harten Blätter abschneiden.

3 Nun die Stängel putzen und schälen und die Artischocken in gesäuertem Wasser einweichen.

4 Nach einiger Zeit die Artischockenherzen herausnehmen, aufschneiden und die Haare im Inneren entfernen. Dann noch einmal ins Wasser legen.

5 Danach den Knoblauch schälen und in etwas Olivenöl und Chili anbraten.

6 Sobald der Knoblauch braun wird, die abgetropften Artischocken hinzufügen.

7

8

9

10

7 In der Zwischenzeit die Pasta (Gnocchetti sardi) in Salzwasser kochen.

8 Jetzt auch die abgetropften Sardinen in die Pfanne geben und einige Minuten braten lassen.

9 Mit etwas Gemüsebrühe aufgießen, salzen, pfeffern und mit gerebeltem Majoran würzen.

10 Zum Schluss die Pasta hinzufügen, mit etwas Olivenöl beträufeln, noch ein wenig Majoran darüberstreuen und alles gut durchmischen.

VOLLKORN-LASAGNE MIT LINSEN

1 Die beiden Mehlsorten auf eine Arbeitsfläche sieben und mit Eiern und Olivenöl zu einem Teig kneten.

2 Teig zu einer Kugel formen, mit Küchenfolie bedecken. 30 Minuten im Kühlschrank ruhen lassen.

3 Die Pilze in einer Schüssel mit kaltem Wasser einweichen.

4 Inzwischen die Zwiebel, die Möhre und den Sellerie in kleine Würfel schneiden.

5 Das Ganze in einer Pfanne mit heißem Olivenöl und etwas Rosmarin anrösten.

6 Nun auch die ausgedrückten Pilze und das gefilterte Einweichwasser hinzugeben.

7 Wenn das Wasser verdunstet ist, die Linsen hinzufügen.

8 Jetzt die passierten Tomaten und etwas Salz beimengen und 15–20 Minuten kochen lassen.

9 Nun den Teig dünn ausrollen und Rechtecke ausschneiden, die in eine feuerfeste Form passen.

10 Den Boden der Backform mit 1 EL Sauce und Öl bestreichen, dann eine erste Schicht Pasta hineinlegen.

11 Die Pasta mit ein paar EL Sauce bedecken. Dann eine leichte Béchamelsauce zubereiten (siehe Seite 16).

12 Nun Schicht um Schicht legen. Mit Olivenöl und Parmesan abschließen. 25–30 Minuten bei 200 °C im Ofen backen.

LINGUINE MIT TINTENFISCH

1 Die Tentakel des Tintenfischs in kleine Stücke schneiden und dabei die Spitzen ganz lassen.

2 Die Petersilie sehr fein hacken und ein paar Blätter für die Garnierung zur Seite stellen.

3 Nun den Knoblauch schälen und gemeinsam mit der Zwiebel und der Chilischote fein hacken.

4 In einer großen Pfanne Olivenöl erhitzen und das Gehackte darin anrösten, ohne es zu braun werden zu lassen.

5 Die Tomaten waschen und in Hälften schneiden. In die Pfanne geben, salzen und nach einigen Minuten auch den Tintenfisch hinzufügen.

6 Mit etwas Weißwein ablöschen, verdunsten lassen und salzen. Danach auf kleiner Flamme noch für 5 Minuten kochen lassen.

7 Nun die Linguine in Salzwasser al dente kochen und mit einer Zange zum Sugo in die Pfanne geben. Etwas Kochwasser dazugießen und die Flüssigkeit aufsaugen lassen.

8 Wenn die Linguine gar sind, den Herd abdrehen, mit gehackter Petersilie und Pfeffer abschmecken und sofort servieren.

QUINOA MIT MARINIERTEM FETA, TOMATEN UND OLIVEN

1

2

3

4

5

6

1 Am Tag zuvor den Feta in Würfel schneiden.

2 Die Kräuter waschen, trocknen und fein hacken.

3 Den Knoblauch schälen und in feine Scheiben schneiden.

4 Nun in einer Schüssel den Feta mit Kräutern, Knoblauch und Pfeffer mischen.

5 Mit Olivenöl beträufeln, zudecken und bis kurz vor dem Servieren in den Kühlschrank stellen.

6 Danach den Quinoa sorgfältig einige Minuten unter kaltem Wasser waschen.

7 Den Quinoa 15 Minuten in leicht gesalzenem Wasser kochen.

8 Wenn er das Wasser aufgenommen hat, mit etwas Olivenöl würzen und 5 Minuten ruhen lassen.

9 Dann die Zwiebel schälen und in dünne Scheiben schneiden.

10 Die Tomaten waschen und auch diese in dünne Scheiben schneiden.

11 Die Gurke schälen und ebenfalls in dünne Scheiben schneiden.

12 Zum Schluss Gemüse, Oliven, Quinoa, Rucola, Feta und Olivenöl vermengen, salzen und servieren.

KÜRBISCREMESUPPE MIT KNUSPRIGEN KICHERERBSEN

1

2

3

4

1 Den Kürbis mit einem Messer aufschneiden, entrinden und entkernen.

2 Nun das Fruchtfleisch mit einem Messer in gleichmäßige Würfel schneiden.

3 Dann die Kürbiswürfel in einem Dämpfer garen, bis sie weich sind.

4 Den gegarten Kürbis in einen großen Topf schütten und mit einer Gabel zerdrücken.

5

6

7

8

5 Das Fruchtpüree nun mit Gemüsebrühe aufgießen, bis die gewünschte Konsistenz erreicht ist, und ein paar Minuten auf kleiner Flamme kochen lassen.

6 Die Kräuter waschen, mit Küchenpapier abtrocknen und die Blätter von den Stängeln pflücken.

7 Die Kichererbsen in eine Schüssel geben und die Kräuter sowie ein wenig Olivenöl und Salz hinzufügen.

8 Jetzt die Kichererbsen auf einem Backblech 15–20 Minuten bei 180 °C im Backofen rösten, bis sie knusprig sind. Die Kürbissuppe damit garnieren und reichlich pfeffern.

BUCHWEIZENRAVIOLI MIT STRACCHINO UND NÜSSEN

1 Die beiden Mehlsorten auf eine Arbeitsfläche häufen und Ei sowie Öl hinzufügen.

2 Erst mit einer Gabel vermengen, dann mit den Händen zu einem glatten Teig verarbeiten.

3 Die Teigkugel mit Küchenfolie bedecken, 30 Minuten im Kühlschrank ruhen lassen.

4 Den Stracchino mit etwas Pfeffer und 2 EL gehacktem Schnittlauch vermischen.

5 Die Nüsse mit einem Messer klein hacken.

6 Danach die gehackten Nüsse unter die Käsecreme mischen.

7

8

9

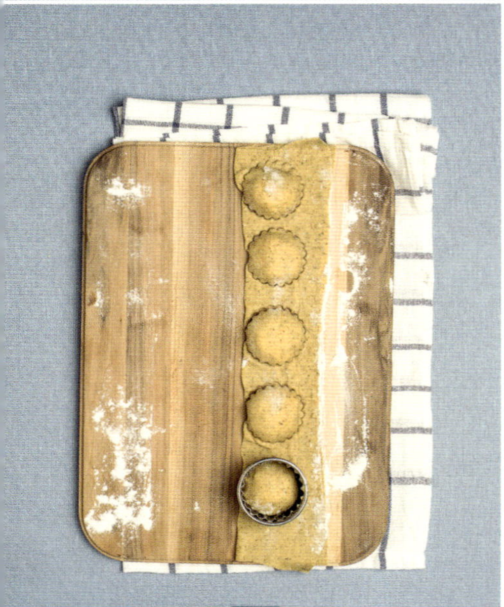

10

11

12

7 Nun den Teig mit einer Teigmaschine oder einem Nudelholz dünn ausrollen.

8 Die Käse-Nuss-Fülle dann (mit Spritzsack oder Löffel) in kleinen Abständen auf den Teig setzen.

9 Den Teig zusammenklappen und die Zwischenräume mit den Fingern festdrücken.

10 Mit einem Ausstecher die Ravioli ausstechen und einige Minuten lang kochen.

11 Olivenöl erhitzen und den in Streifen geschnittenen Bresaola mit gehacktem Schnittlauch darin braten.

12 Die Ravioli abseihen, unter den Bresaola heben. Mit weiterem Schnittlauch garnieren.

GLUTENFREIE GNOCCHI MIT RAGÙ BIANCO

1 Ein großes Backblech mit grobem Salz bestreuen.

2 Die gewaschenen und getrockneten Kartoffeln darauflegen und mit einer Gabel anstechen.

3 Im Backofen bei 180 °C 1 Stunde garen, bis sie weich sind. Auskühlen.

4 Danach abschälen und mit einer Kartoffelpresse zerdrücken.

5 Jetzt 1 Ei, 1 TL Salz und die gehackten Nadeln von 4 Rosmarinzweigen hinzufügen.

6 Das Ganze mit der Kartoffelstärke vermengen, bis man einen festen Teig hat.

7

8

9

10

11

12

7 Dann auf einer Arbeitsfläche mit etwas Kartoffelstärke die Gnocchi formen.

8 Die Möhren, den Sellerie und den Knoblauch putzen und fein hacken.

9 Das Gemüse in einem großen Topf mit etwas Olivenöl anrösten.

10 Unter ständigem Rühren die drei Hackfleischsorten einige Minuten darin anbraten.

11 Rosmarin, Salz und Pfeffer hinzufügen. Mit Wein ablöschen. 35 Minuten köcheln lassen und mit Fleischbrühe aufgießen.

12 Nun die Gnocchi in Salzwasser kochen, bis sie aufsteigen, und mit der Sauce vermischen.

BLÄTTERTEIGSCHNITTE AUS CARASAU MIT STRACCIATELLA UND RUCOLA

1

2

3

4

5

6

1 Den Rucola und das Basilikum putzen, waschen und mit einem Leinentuch abtrocknen.

2 Die Pinienkerne in einer Pfanne rösten und auskühlen lassen.

3 Rucola, Basilikum, Pinienkerne, 30 g Olivenöl, 80 g Wasser und Pecorino pürieren. Salzen.

4 Nun auf jedem Teller eine Schicht Pane Carasau in großen Stücken auflegen.

5 Die Tomaten schneiden, dann auf jedes Brot 1 EL Pesto und ein paar Tomaten legen.

6 Noch weitere 3 Schichten machen und auf die letzte Stracciatella streichen. Mit Olivenöl und Pfeffer abschmecken.

NUDELN MIT GEMÜSE, TOFU UND SPROSSEN

1

2

3

4

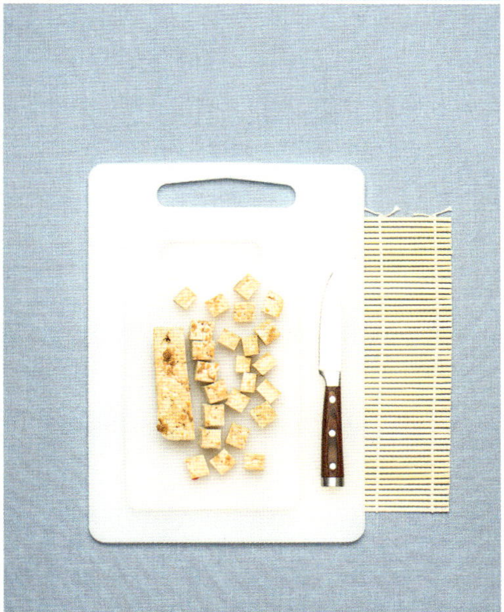

5

6

1 Den Tofu mit Sojasauce, geriebenem Ingwer, Knoblauch und Chili marinieren.

2 Die Jungzwiebeln gut putzen und in schmale Streifen schneiden.

3 Die Möhren schälen und ebenfalls mit dem Kartoffelschäler in Streifen schneiden.

4 Die Nudeln ein paar Minuten in heißem Wasser kochen.

5 Nun die Marinade abgießen und den Tofu in Würfel schneiden.

6 Danach die Tofuwürfel im Wok mit etwas Sesamöl anbraten.

7

8

9

10

7 Fügen Sie jetzt auch die Jungzwiebeln, Möhren und Zucchini bei und lassen Sie sie ziehen.

8 Inzwischen die Hälfte der Cashewnüsse mit den Sesamsamen in einer beschichteten Pfanne rösten.

9 Nun die Nudeln abseihen und in den Wok geben.

10 Zum Schluss die Sojasprossen gut waschen und gemeinsam mit den Cashewnüssen und Sesamsamen unter das Tofu-Gemüse heben. Mit Salz abschmecken und servieren.

HAFERSUPPE MIT ERBSEN, MÖHREN UND LAUCH

1

2

3

4

1 Den Hafer 3 Stunden in kaltem Wasser einweichen und das Wasser ab und zu wechseln.

2 In der Zwischenzeit den Lauch putzen und mit einem Messer fein hacken.

3 Die Möhren waschen, mit einem Kartoffelschäler schälen und in kleine Würfel schneiden.

4 Danach den Lauch in einer hohen Pfanne in heißem Olivenöl anbraten.

5 Die gewürfelten Möhren hinzufügen und einige Minuten mitbraten

6 Ein paar Salbeiblätter und den abgeseihten und abgewaschenen Hafer dazugeben und mit etwas Salz abschmecken.

7 Das Ganze jetzt mit reichlich heißer Gemüsebrühe aufgießen und ca. 30 Minuten kochen lassen.

8 Zum Schluss die Erbsen hinzufügen und nochmals 30 Minuten kochen lassen. Bei Bedarf noch mit etwas Brühe aufgießen. Die Suppe heiß und mit ein wenig Olivenöl beträufelt servieren.

RISOTTO MIT ZUCCHINI UND ZIEGENKÄSE

1 Die Zucchini schälen und in ca. 1 cm kleine Würfel schneiden.

2 Etwas Olivenöl in einer Pfanne erhitzen und den geschälten Knoblauch darin anrösten.

3 Danach die Zucchiniwürfel hinzufügen und dünsten. Etwas Wasser hinzufügen.

4 Den Knoblauch entfernen und die gedünsteten Zucchini in einen Mixer geben.

5 Die gewaschene und geputzte Petersilie hinzufügen.

6 Dann alles gut pürieren, bis eine glatte kompakte Creme entsteht, und mit ein wenig Gemüsebrühe strecken.

7 Nun in dieselbe Pfanne nochmals etwas Olivenöl gießen und den Reis darin anrösten.

8 Mit heißer Gemüsebrühe aufgießen und den Reis ca. 14 Minuten lang kochen.

9 Dann die Zucchinicreme unterheben und weitere 4–6 Minuten kochen.

10 Den Herd abdrehen, den in Würfel geschnittenen Ziegenkäse unterheben und gut umrühren, bis er sich auflöst. Mit gerösteten Pinienkernen und etwas Basilikum garniert servieren.

GEDÄMPFTE VEGETARISCHE RAVIOLI AUF CHINESISCHE ART

1 Mehl, Weizenstärke und Salz aufhäufen. Mit etwas warmem Wasser zu einem glatten Teig kneten.

2 Den Teig zu einer Kugel formen, mit Küchenfolie abdecken und 1 Stunde kühl stellen.

3 Nun die Pilze in warmem Wasser einweichen, ausdrücken, fein hacken.

4 Den Weißkohl putzen und die Blätter in feine Streifen schneiden.

5 Dann den Tofu auf einem Schneidbrett in kleine Würfel schneiden.

6 Ein wenig Sojasauce mit dem fein gehackten Grün der Jungzwiebeln und der zerkleinerten Chilischote vermischen.

7

8

9

10

11

12

7 Dann Knoblauch und den gehackten weißen Teil der Zwiebeln in Öl anbraten. Tofu und Pilze hinzufügen.

8 Nun den Kohl und den geriebenen Ingwer dazugeben und mit Sojasauce würzen.

9 Den Teig dünn ausrollen und mit einem Ausstecher 7–8 cm große Kreise ausstechen.

10 Auf jedes Teigstück 1 TL der Gemüsefülle setzen.

11 Nun zu einem Halbmond schließen und die Ränder festdrücken, damit die Fülle nicht ausrinnen kann.

12 Die Ravioli danach in einen mit Backpapier ausgelegten Dämpfer legen und für 15 Minuten garen.

Hauptspeisen

Mit Bedacht gewählte Zutaten und rasche Zubereitungsarten verwandeln auch die „schweren“ Gerichte in gesunde und leichte Speisen.

SCHARFE RIESENGARNELEN MIT LEMONGRASS UND KNOBLAUCH

1

2

3

4

1 Die Riesengarnelen schälen, vom Panzer befreien und nur die Schwänze verwenden.

2 Diese dann mit einem scharfen Messer aufschneiden und den Darm mit einer Pinzette oder einem Zahnstocher ausnehmen.

3 Nun das Lemongrass leicht andrücken, die Enden abschneiden und das äußerste Blatt entfernen.

4 Gemeinsam mit dem geschälten Knoblauch fein hacken.

5 Dann die zuvor mit einem Messer sehr fein gehackten Chilischoten dazugeben.

6 Nun mit dieser Gewürzmischung die Garnelenschwänze würzen, mit ein wenig Olivenöl beträufeln und salzen.

7 Danach die Garnelen mit Holzspießchen der Länge nach aufspießen, damit sie sich während des Bratens nicht eindrehen und so gleichmäßig garen können.

8 Zum Schluss die Garnelen einige Minuten lang braun braten. Mit etwas Olivenöl beträufeln, salzen und auf Wunsch mit etwas gehacktem Koriander oder Petersilie bestreuen.

LEICHTER AUBERGINENAUFLAUF MIT RICOTTA

1 Die Auberginen waschen und in Scheiben schneiden.

2 Die Scheiben in ein Nudelsieb legen und salzen, damit das Wasser abrinnen kann.

3 Dann abtrocknen und in einer Gusseisenpfanne mit Rillen auf beiden Seiten grillen.

4 In einer anderen Pfanne etwas Olivenöl erhitzen, den Knoblauch darin anbraten und die geschälten Tomaten hinzufügen.

5 Etwas gehacktes Basilikum dazugeben und langsam 10 Minuten lang köcheln lassen.

6 Ricotta mit etwas Salz cremig rühren, 5 EL Parmesan sowie Pfeffer und gehacktes Basilikum hinzufügen.

7 Eine feuerfeste Form mit etwas Olivenöl einfetten und ein paar EL Tomatensugo darin verstreichen.

8 Dann die Auberginenscheiben darin nebeneinander auflegen.

9 Jetzt den aromatisierten Ricotta daraufstreichen und danach Schicht für Schicht so weitermachen, bis die Zutaten aufgebraucht sind. Mit Parmesan abschließen.

10 Mit dem restlichen Basilikum garnieren und bei 180 °C 20–30 Minuten backen, bis die Oberfläche gratiniert ist.

LEICHTES HÜHNERFRIKASSEE MIT ESTRAGON

1 Die Hühnerbrust von Knochen und Fett befreien und in ca. 2 cm große Stücke schneiden.

2 Die Fleischstücke gut mit den Händen in Mehl wälzen und gleichmäßig bedecken.

3 Das überschüssige Mehl abschütteln. Dann in einer Pfanne etwas Öl erhitzen.

4 Das Fleisch leicht goldbraun anrösten. Salzen, pfeffern, mit Reismilch aufgießen und die Hitze reduzieren.

5 6–7 Minuten köcheln lassen und ggf. noch mit ein bisschen Milch aufgießen. Inzwischen den Estragon fein hacken.

6 Abschließend das Hähnchen mit dem Estragon würzen und servieren.

GEDÄMPFTE KALBFLEISCH-BÄLLCHEN MIT SPINAT

1 Den Spinat mit einer Prise Salz in einer Pfanne braten, bis er weich ist.

2 Das Toastbrot in grobe Stücke teilen und in etwas Milch einweichen.

3 Nun die Milch abseihen, das Brot ausdrücken und mit den Händen zerbröseln.

4 Danach das Hackfleisch mit dem Brot in einer Schüssel vermischen und den Spinat ausdrücken.

5 Jetzt den Spinat in heißem Öl anbraten, bis das ganze Wasser verdampft ist, und auskühlen lassen.

6 Den Spinat hacken, unter das Fleischgemisch heben. Salz, Pfeffer, Parmesan und ein Ei hinzufügen.

7

8

9

10

11

12

7 Alles zu einer Masse verkneten und kleine Bällchen daraus formen. Diese auf einem eingeölten Teller platzieren.

8 Nun den Teller auf einen etwas kleineren Topf setzen und darin Wasser zum Kochen bringen.

9 Die Bällchen mit Olivenöl beträufeln, zudecken und 20 Minuten dämpfen. Ab und zu umdrehen.

10 Jetzt die Kartoffeln in kaltem Salzwasser zustellen und kochen, bis sie weich sind.

11 Abseihen, abschälen und mit einer Kartoffelpresse zerkleinert in einen Topf geben.

12 Olivenöl, Salz, Muskatnuss und 100 ml Milch hinzufügen, gut umrühren. Mit den Polpette servieren.

LACHSTATAR MIT APFEL, FENCHEL UND DILL

1 Den Lachs mit einem scharfen Messer in sehr kleine Würfel schneiden.

2 Den Apfel waschen, das Gehäuse entfernen und mit der Schale in Scheiben schneiden.

3 Diese nun ebenfalls erst in Stifte, dann in ebenso kleine Würfel wie den Lachs schneiden.

4 Die Limette in zwei Hälften schneiden und auspressen.

5 Den Apfel in einer kleinen Schüssel mit Limettensaft übergießen, damit er nicht braun wird.

6 Den Fenchel putzen, die harten Stängel entfernen und den Rest in kleine Würfel schneiden.

7

8

9

10

7-8 Danach die Apfelstückchen mit den Fenchel- und Lachswürfeln vermischen.

9 Mit Limettensaft und etwas Olivenöl marinieren und den fein gehackten Dill hinzufügen.

10 Mit weißem Pfeffer und schwarzem Hawaii-Salz würzen. Die Masse portionsweise mit Hilfe einer kleinen Form auf den Tellern platzieren und mit einem Löffel festdrücken.

Achten Sie beim Konsum von rohem Fisch darauf, dass dieser so gefangen wurde, dass er keine gesundheitsgefährdenden Bakterien enthält.

AVOCADO-TOAST MIT POCHIERTEN EIERN

1 Die Avocados schälen, in die Hälfte schneiden und die Kerne entnehmen.

2 Dann das Fruchtfleisch in einem tiefen Teller mit einer Gabel zerdrücken.

3 Mit Salz, Pfeffer und Limettensaft würzen.

4 Die Kirschtomaten waschen, abtrocknen und auf einem Schneidbrett in Spalten schneiden.

5 Mit Olivenöl , Koriander, Oregano, Salz sowie Pfeffer würzen und 10 Minuten ruhen lassen.

6 Wasser mit Salz und 2 EL Essig zum Kochen bringen. Die Eier öffnen und einzeln in eine kleine Schüssel geben.

7

8

9

10

11

12

7 Die Eier vorsichtig einzeln ins siedende Wasser gleiten und für ein paar Minuten leicht kochen lassen.

8 Danach abseihen und mit kaltem Wasser abschrecken. Mit den anderen Eiern genauso verfahren.

9 Das getoastete Brot jetzt dick mit Avocadocreme bestreichen.

10 Die marinierten Tomaten mit 2/3 des geriebenen Feta mischen und auf dem Toastbrot verteilen.

11 Mit Feta bestreuen, mit etwas Olivenöl beträufeln und dann jeweils ein Ei daraufsetzen. Salzen, pfeffern.

12 Zum Schluss das Joghurt mit Olivenöl, Zitronensaft, Salz und Pfeffer mischen und zum Toast servieren.

PUTENSCHNITZEL LIGHT

1 Die Putenbrustscheiben mit einem Fleischklopfer dünn klopfen.

2 Den Knoblauch mit den frischen Kräutern und dem Brot im Mixer vermengen.

3 Die Putenbrustscheiben leicht mit einem Pinsel einölen.

4 Danach in der Kräuterpanier schwenken und mit den Händen festdrücken.

5 Jetzt das Fleisch auf ein Backblech legen, salzen, pfeffern und mit ein wenig Öl begießen.

6 Anschließend bei 180 °C für 20 Minuten goldbraun backen und mit einem Salat als Beilage servieren.

BROKKOLIAUFLAUF

1 Den Brokkoli putzen und die Röschen mit einem scharfen Messer abschneiden.

2 8–10 Minuten in reichlich nicht gesalzenem Wasser kochen.

3 Abseihen und gut ausdrücken, dann fein mit dem Stabmixer pürieren.

4 Das Ganze nun in einer Pfanne mit wenig Olivenöl anbraten, bis sämtliches Wasser verdunstet ist.

5 Jetzt den Brokkoli zur Béchamelsauce gießen und gut vermischen.

6 Dann den Parmesan und die Eigelbe hinzufügen.

7

8

9

10

11

12

7 Das Ganze zu einer kompakten und glatten Masse verrühren und mit Salz und Pfeffer abschmecken.

8 Nun das Eiweiß mit dem Handmixer zu Schnee schlagen

9 Den Eischnee unter die Creme heben und vorsichtig vermengen.

10 Eine feuerfeste Backform einölen und mit Semmelbröseln bestreuen.

11 Dann die Masse bis 2 cm unter dem Rand einfüllen.

12 Zum Schluss den Auflauf 50 Minuten bei 180 °C im Wasserbad lassen, bis er fest ist. Abkühlen.

GOLDBRASSE MIT LIMETTEN, KAPERN UND SPARGEL

1

2

3

4

5

6

1 Den Spargel mit einem Kartoffelschäler putzen und schälen.

2 Die holzigen Teile mit einem Messer entfernen.

3 Den Spargel auf ein Backblech legen. Mit Salz, Pfeffer, Thymian und Olivenöl würzen.

4 Das Backpapier jetzt zuklappen, mit einem Faden zubinden und bei 180 °C ca. 20 Minuten im Ofen garen.

5 Den Fisch mit der Haut 3–4 Minuten in Olivenöl braten. Dann wenden und weitere 2 Minuten braten.

6 3 Limetten-Hälften auspressen und aus der vierten das Fruchtfleisch in Filets herausschneiden.

7

8

9

10

7 Nun überschüssiges Öl aus der Pfanne abgießen, dann mit Gemüsebrühe aufgießen, damit alle Aromen erhalten bleiben.

8 Danach 1 Minute lang auf großer Flamme den Saft reduzieren und die zuvor gut abgewaschenen Kapern sowie den Limettensaft hinzufügen.

9 Mit Sahne und Zitronenthymian abschmecken. Salzen, pfeffern und auf kleiner Flamme unter ständigem Rühren 3 Minuten lang köcheln lassen, bis die Sauce eingedickt ist.

10 Auf dem Teller ein Spargelbett bereiten, den Fisch mit der Haut nach oben darauflegen und mit 1–2 EL warmer Limettensauce übergießen. Mit Thymian und Limetten dekorieren.

VITELLO TONNATO LIGHT

1 Einen großen Topf mit Wasser zustellen und darin alle Kräuter sowie eine Handvoll groben Salzes zum Kochen bringen.

2 Nun die vorher geputzten Möhren, die Zwiebel und den Sellerie hinzufügen sowie den Weißwein dazugießen.

3 Das Fleisch mit einem Küchenfaden binden, damit es beim Kochen die Form behält.

4 Dann das Fleisch ins kochende Wasser legen, zudecken und ca. 1,5 Stunden kochen lassen.

5 Danach den Thunfisch aus der Dose nehmen, abtropfen und in eine Schüssel legen.

6 Die abgetropften und grob gehackten Sardellen sowie die abgewaschenen Kapern dazugeben.

7 Nun noch die Mayonnaise (siehe Seite 18) dazugeben und etwas pfeffern.

8 Das Ganze dann mit einem Stabmixer zu einer cremigen Sauce verarbeiten. Wenn das Fleisch ausgekühlt ist, ganz dünn aufschneiden und mit reichlich Sauce übergossen servieren.

BRICK-TEIGTASCHEN MIT LACHS UND FENCHEL

1

2

3

4

5

6

1 Die Lachsfilets mit Salz, Pfeffer und den „4 Gewürzen" würzen.

2 Den Fenchel waschen, putzen, die äußeren Blätter entfernen und in kleine Würfel schneiden.

3 Nun den Fenchel in einer Pfanne mit etwas Olivenöl, Salz und Pfeffer 5 Minuten lang anrösten.

4 Nach ein paar Minuten den gehackten Dill hinzufügen. Dann auskühlen lassen.

5 Jetzt die Teigblätter mit etwas Olivenöl einstreichen.

6 Die untere Hälfte eines jeden Teigblattes mit einer Schicht Fenchel belegen.

7

8

9

10

7 Hierauf jeweils ein Lachsfilet betten und den Teig einrollen.

8-9 Das Ganze gut und fest einwickeln und darauf achten, dass sich der Fenchel an der Unterseite befindet. Die Teigenden nach unten umschlagen.

10 Die Fagottini mit etwas Olivenöl bepinseln und auf ein mit Backpapier belegtes Backblech legen und bei 190 °C ca. 25 Minuten backen, bis sie goldbraun sind.

Die „4 Gewürze" sind ein Mix aus Pfeffer, Ingwer, Gewürznelken und Muskatnuss. Der Brick-Teig ist ein dünner Blätterteig mit nordafrikanischen Wurzeln und dem Filoteig sehr ähnlich.

RICOTTAAUFLAUF MIT TOMATEN-CONFIT

1 Die Tomaten waschen, trocknen und in Hälften schneiden.

2 Diese nun auf ein Backblech legen. Mit Olivenöl, Salz, Pfeffer und Oregano würzen.

3 Mit Rohrzucker überstreuen und ca. 3 Stunden bei 100 °C im Ofen backen.

4 Die letzten 30 Minuten die Temperatur auf 130 °C erhöhen, bis die Tomaten karamellisiert sind.

5 Jetzt die frischen Kräuter mit einem Messer fein hacken.

6 Danach Ricotta, Kräuter, und 2 EL Parmesan mit Eiweiß vermischen. Salzen und pfeffern.

7

8

9

10

7 Danach 4 Muffin-Formen mit etwas Öl auspinseln und den Teig einfüllen.

8 Mit einem Löffel leicht andrücken, damit der Auflauf kompakt wird.

9 Den restlichen Parmesan darüberstreuen und mit ein wenig Olivenöl beträufeln. Bei 200 °C für ca. 20 Minuten in den Backofen schieben, bis sich eine goldene Kruste gebildet hat.

10 Nach dem Backen auskühlen lassen und mit etwas Tomaten Confit sowie einer Handvoll Taggiasca-Oliven servieren.

SCHWEINEFILET IN DER FOLIE MIT RADICCHIO

1

2

3

4

1-2 Das zuvor mit Küchenfaden geschnürte Schweinefilet mit Salz und Pfeffer auf beiden Seiten einreiben. Dann den Knoblauch schälen und in dünne Scheiben schneiden.

3 Nun das Fleisch mit Knoblauch und Thymianzweigen belegen und auf ein mit Backpapier ausgekleidetes Backblech platzieren.

4 Das Papier schließen mit einem Küchenfaden zusammenbinden und im Ofen bei 200 °C für 20–25 Minuten braten.

Wenn Sie keinen zarten Radicchio rosso di Treviso tardivo (delikate Wintersorte) finden, so können Sie ihn durch den robusteren Radicchio di Chioggia ersetzen und in dünnere Streifen schneiden.

5 Den Radicchio putzen, die Blätter auseinandernehmen und den harten Teil entfernen. Dann das Büschel der Länge nach in vier Teile teilen.

6 Auf beiden Seiten ca. 5 Minuten in einer gusseisernen gerillten Pfanne grillen, bis das Innere weich ist.

7 Nun eine Marinade aus Olivenöl, Salz, Pfeffer und Zitronensaft zubereiten, um den Radicchio zu würzen.

8 Das Fleisch nach dem Braten abkühlen lassen, in Scheiben schneiden und mit dem gegrillten Radicchio servieren.

THUNFISCHBÄLLCHEN MIT OLIVEN, KAPERN UND PINIENKERNEN

1

2

3

4

5

6

1 In einer Schüssel mit Milch das Toastbrot einweichen. Inzwischen die Petersilie hacken.

2 Das Brot ausdrücken und mit den Händen (oder einem Löffel) in eine Schüssel zerbröseln.

3 Nun den Thunfisch mit einem scharfen Messer fein hacken.

4 1 EL Parmesan und eine gehackte Knoblauchzehe hinzufügen. Salzen und pfeffern.

5 Danach 1/2 TL geriebenen Koriander, 2 EL verquirltes Ei und gehackte Petersilie unterrühren.

6 Das Ganze gut durchmischen, damit man Bällchen formen kann.

7

8

9

10

11

12

7 Nun das Sugo zubereiten. Dafür die Tomaten in Hälften und die Zwiebel in dünne Scheiben schneiden.

8 Danach Zwiebel und Tomaten gemeinsam mit dem Knoblauch in etwas Olivenöl anbraten.

9 Etwas Zucker, die gehackte Chilischote, geschnittene Oliven und die Kapern hinzufügen und pfeffern.

10 Danach mit angefeuchteten Händen Bällchen aus der Thunfischmasse formen.

11 Die Bällchen ca. 15 Minuten im Tomatensugo ziehen lassen und ab und zu umrühren.

12 Zum Schluss die Pinienkerne rösten und mit etwas Oregano auf die Thunfischbällchen streuen.

WEISSE FISCH-PÄCKCHEN AUF MEDITERRANE ART

1 Die Zucchini waschen, die Enden abschneiden und in sehr dünne und regelmäßige Scheiben schneiden.

2 Die Kirschtomaten waschen und in Hälften teilen. Die Zwiebel in ganz dünne Scheiben schneiden.

3 Nun vier Rechtecke aus Backpapier zurechtschneiden und mit ein bisschen Olivenöl bepinseln.

4 Auf jedem Backpapier eine Schicht aus leicht übereinandergelegten Zucchinischeiben auflegen.

5

6

7

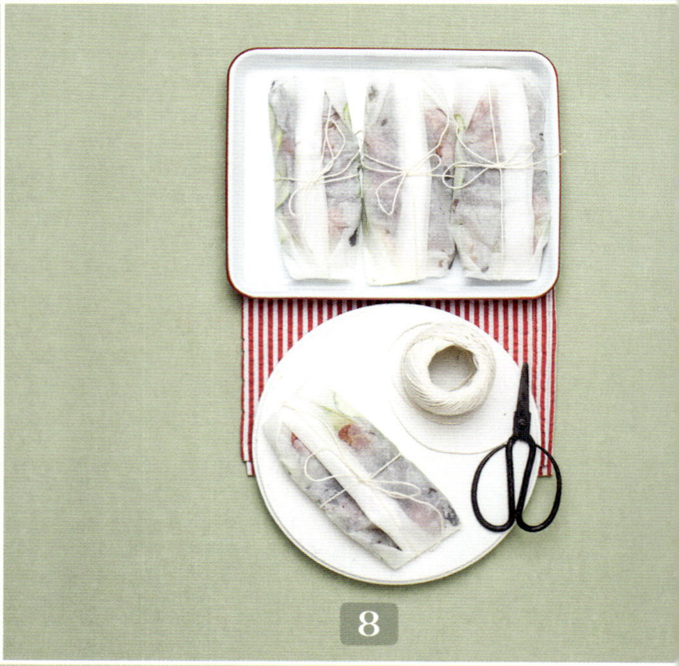

8

5-6 Darauf je ein Fischfilet legen und mit Zwiebeln, Tomaten und Kapern bestreuen.

7 Nun die Oliven hinzufügen und mit Olivenöl, Salz, Pfeffer und Oregano würzen.

8 Jedes Päckchen einzeln mit Küchengarn verschließen und bei 180 °C für 12–13 Minuten in den Backofen schieben.

Anstatt des Wolfbarschs können Sie auch andere Weißfische verwenden wie die Goldbrasse oder die Seezunge. In letzterem Fall reduzieren Sie jedoch die Garzeit.

EIER À LA COCOTTE MIT PFIFFERLINGEN

1 Die Pilze mit einem Pinsel oder einer kleinen Bürste und einem feuchten Tuch reinigen.

2 Wenn nötig die größeren Exemplare in die Hälfte schneiden. Die kleinen Pilze im Ganzen lassen.

3 Nun die zerdrückten Knoblauchzehen in einer Pfanne mit 2 EL Olivenöl leicht anbraten.

4 Die Pilze hinzufügen und auf großer Flamme einige Minuten scharf anbraten.

5 Salzen, pfeffern, mit Weißwein ablöschen. 6–7 Minuten zugedeckt aufköcheln lassen.

6 Ab und zu umrühren, Knoblauch entfernen, Petersilie hinzufügen.

7

8

9

10

11

12

7 In vier kleine feuerfeste Formen aus Keramik je 1 EL Robiola geben.

8 Etwas pfeffern, dann die Pilze daraufgeben.

9 Nun in jede Form 1 Ei schlagen, salzen, pfeffern und in eine Backform stellen.

10 Diese zu 2/3 mit Wasser füllen und bei 170 °C für ca. 15 Minuten in den Backofen schieben.

11 Das Schwarzbrot in Schnitten schneiden und rösten.

12 Brot mit Butter bestreichen, die Eier mit etwas gehackter Petersilie bestreuen und servieren.

Süßspeisen

Kekse, Torten, Plumcakes und Mousses sind noch nie so leicht und so geschmackvoll zugleich gewesen. Man muss nur kreativ sein.

GETREIDEKEKSE

1

2

3

4

1 Die beiden Mehlarten in einer Schüssel gemeinsam mit dem Rohrzucker vermischen.

2 Die Haferflocken, das Backpulver, die Milch sowie das Öl hinzufügen und alles gemeinsam gut vermischen, bis man eine kompakte Masse erhält.

3 Den Teig nun auf eine Arbeitsfläche geben und mit den Händen eine Kugel formen.

4 Die Kugel in Küchenfolie einwickeln und 30 Minuten im Kühlschrank ruhen lassen.

5

6

7

8

5 Nun den Teig in kleine Stücke schneiden, daraus gleichförmige Kugeln formen und diese auf ein Backpapier legen.

6 Danach die Kugeln mit Hilfe einer Spachtel oder mit der Hand platt drücken.

7-8 Zum Schluss die Ränder mit einem Ausstecher formen. Die Kekse auf ein Backblech legen und bei 180 °C ca. 8 Minuten backen. Danach auf einem Gitter auskühlen lassen.

Für eine Schoko-Version dieser Kekse einfach im 2. Arbeitsschritt 2 gestrichene EL bitteres Kakaopulver hinzufügen.

AHORNSIRUP-JOGHURT-TORTE

1 Die Eier mit dem Zucker und dem Sirup verrühren, bis man eine helle und schaumige Masse erhält.

2 Die beiden Mehlsorten mit dem Backpulver mischen und mit dem Schneebesen in die Masse einrühren.

3 Danach das griechische Joghurt unterheben und gut umrühren.

4 Zum Schluss das Öl hinzufügen und gut einrühren, um eine sämige Masse zu erhalten.

5 Jetzt eine Tortenform mit Backpapier auslegen und den Teig einfüllen.

6 Bei 180 °C 30 Minuten lang backen und danach auskühlen lassen.

GETREIDE-BANANENBROT MIT HEIDELBEEREN

1 Eier und Zucker mit dem Mixer zu einer weichen und schaumigen Masse verrühren.

2 Die Bananen schälen, die Fäden entfernen und in Stücke schneiden.

3 Nun die Bananen in einem Teller mit einer Gabel zerdrücken.

4 Dann das Bananenpüree zum Eischnee geben und gut verrühren.

5 In einer anderen Schüssel inzwischen die drei Mehlsorten mit dem Backpulver vermischen.

6 Nun die Hälfte des Mehls mit dem elektrischen Handmixer in die Masse einarbeiten.

7

8

9

10

11

12

7 Das Joghurt und danach das restliche Mehl hinzufügen.

8 Das Öl dazugießen und einige Minuten lang gut verrühren.

9 Inzwischen 2/3 der Heidelbeeren in etwas Mehl wälzen und das überschüssige Mehl abklopfen.

10 Die Beeren nun in die Teigmasse schütten und vorsichtig mit einem Spatel unterheben.

11 Den Teig in eine mit Backpapier ausgelegte Plumcake-Form (22 x 11 cm) gießen und zu 2/3 füllen.

12 Dann mit Heidelbeeren und Zucker bestreuen. Erst bei 180 °C und dann weitere 20–25 Minuten bei 160 °C backen.

TIRAMISU MIT RICOTTA

Malzkaffee

70 g Muskovado (Vollrohrzucker)

300 g Ricotta (Frischkäse)

bitteres Kakaopulver

70 g dunkle Schokolade

220 g frische Sahne (Obers)

200 g Biskotten

1

2

3

4

1 Ricotta und Zucker zu einer cremigen Masse verrühren.

2 In einer anderen Schüssel die Sahne mit dem elektrischen Handmixer steif schlagen.

3 Nun die Schlagsahne vorsichtig mit einem Spatel unter die Ricottamasse heben.

4 Dann die Schokolade hineinreiben.

5

6

7

8

5 Danach 1–2 EL der Ricottacreme auf den Boden einer eckigen Schüssel streichen.

6 Die Biskotten in erkaltetem Malzkaffee tränken und eine erste Schicht in die Form legen.

7 Nun eine weitere Ricottaschicht auf die Biskotten legen und mit geriebener Schokolade bestreuen. Dann Schicht für Schicht abwechselnd weitermachen.

8 Mit einer Ricottaschicht enden und diese mit bitterem Kakaopulver bestreuen. Vor dem Servieren einige Stunden im Kühlschrank ruhen lassen.

GEGRILLTE ANANAS MIT HONIG UND ZIMT

1 Die Ananas putzen, das Grün und 3–4 cm vom unteren Teil wegschneiden.

2 Nun die Ananas der Höhe nach auf ein Schneidbrett stellen und entrinden.

3 Dann die Frucht der Länge nach in zwei Hälften schneiden, den holzigen Strunk im Inneren entfernen und den Rest in Spalten schneiden.

4 Die Ananasspalten anschließend in einer gusseisernen gerillten Pfanne auf beiden Seiten jeweils 3 Minuten lang grillen.

5

6

7

8

5 Die Spalten nun auf einem flachen Teller auflegen und auskühlen lassen.

6 In der Zwischenzeit den Honig in einem kleinen Topf auf ganz kleiner Flamme vorsichtig schmelzen lassen.

7-8 Danach die Ananasstücke mit etwas Honig beträufeln, Zimt darüberstreuen und sofort servieren.

Für einen etwas frischeren Geschmack dem Honig etwas Limettensaft beifügen und die Ananas mit Minzeblättern anstelle von Zimt garnieren.

AVOCADOCREME MIT SCHOKOLADE

1 Die Avocado mit einem Messer in zwei Hälften schneiden und den Kern entfernen.

2 Nun das Fruchtfleisch mit einem Löffel entnehmen.

3 Die Avocado danach mit dem Agavensirup im Mixer vermengen.

4 Dann die Schokolade grob hacken und im Wasserbad schmelzen.

5 Die flüssige Schokolade unter das Avocadopüree heben, mit der Sojamilch aufgießen. Mixen, bis die Masse cremig ist.

6 Die Mousse in vier Schälchen gießen, mit gehackten Mandeln bestreuen und servieren.

HAFERFLOCKENKUCHEN MIT MUSKOVADOZUCKER

1 Mit dem elektrischen Handmixer die Eier mit den beiden Zuckerarten schaumig rühren.

2 In einer anderen Schüssel die beiden Mehlsorten, die Stärke und die Haferflocken mit dem Backpulver vermischen.

3 Die Hälfte davon löffelweise unter den Eischnee heben.

4 Nach und nach das Joghurt einrühren und dann das restliche Mehl dazugeben.

5

6

7

8

5 Das Ganze zu einer kompakten Masse verrühren, bis das Mehl vollständig darin aufgenommen ist.

6 Zum Schluss das Öl einrühren und den Teig nochmals für ca. 5–7 Minuten mixen.

7 Eine Plumcake-Form (22 x 11 cm) mit Backpapier auslegen und den Teig einfüllen. Mit Haferflocken bestreuen.

8 Bei 160 °C für ca. 45 Minuten in den Backofen stellen. Danach die Temperatur auf 180 °C erhöhen und noch weitere 8–10 Minuten backen. Auskühlen lassen und servieren.

RICOTTA-MOUSSE MIT LIMETTEN UND ERDBEEREN

1 **Den Frischkäse in ein Haarsieb stülpen und für ca. 30 Minuten abrinnen lassen, um das überschüssige Wasser zu entfernen.**

2 **In einer Schüssel nun Ricotta und Honig mit dem Schneebesen gut verrühren.**

3 **Dann die Limette waschen, abtrocknen und die Schale abreiben. Zur Ricottamasse hinzufügen.**

4 **Danach den abgetropften Frischkäse dazugeben und das Ganze zu einer cremigen Masse verrühren.**

5 Jetzt das Mousse in einen Spritzsack einfüllen und für mindestens 1 Stunde in den Kühlschrank legen.

6 In der Zwischenzeit die Erdbeeren putzen und waschen, das Grün entfernen und die Früchte in kleine Spalten schneiden.

7 Mit Rohrzucker, Limettensaft und gehackter Minze marinieren, gut vermischen und für mindestens 20 Minuten lang ziehen lassen. Ab und zu umrühren.

8 Zum Schluss die Erdbeeren in kleine Schüsselchen füllen, mit Ricotta-Mousse bedecken (oder umgekehrt) und mit ein paar frischen Minzeblättern garnieren.

MAISKUCHEN MIT SCHOKOLADE UND ROSINEN

1

2

3

4

5

6

1 Die Rosinen in einer Schüssel mit warmem Wasser einweichen.

2 Die Eier und den Zucker mit einem Schneebesen schaumig rühren.

3 Danach das Öl hinzufügen und weiter schaumig rühren.

4 Jetzt das Mehl mit der Stärke und dem Backpulver sieben.

5 Das Mehlgemisch unter den Teig heben, ohne dass sich Klümpchen bilden. Dann die Milch hinzufügen.

6 Nun die Schokolade mit einem Messer grob hacken.

7

8

9

10

7-8 Die Schokoladestückchen unter den Teig mischen. Dann auch die eingeweichten und ausgedrückten Rosinen unterheben.

9 Danach eine Backform (32 x 27 cm) mit Backpapier auslegen und den Teig einfüllen. Bei 180 °C 30–35 Minuten backen.

10 Den Kuchen nun in rechteckige Stücke schneiden und auskühlen lassen. Danach ggf. mit Puderzucker bestreuen.

Dieser Kuchen bleibt einige Tage weich, wenn Sie ihn in einem luftdicht verschließbaren Behälter aufbewahren.

KNUSPERMÜSLI MIT TROCKENFRÜCHTEN UND AHORNSIRUP

1

2

3

4

5

6

1 Die verschiedenen Nüsse grob hacken und die Sonnenblumenkerne daruntermischen.

2 Nun die Nüsse mit den Haferflocken (oder dem gemischten Getreide) vermengen.

3 Inzwischen den Sirup mit Wasser und Öl unter ständigem Rühren 5 Minuten aufkochen lassen.

4 Dann die Flüssigkeit auf die Nuss-Getreide-Mischung gießen und umrühren, bis der Sirup zur Gänze aufgenommen ist.

5 Die Mischung auf ein Backblech streuen und bei 145 °C 40–45 Minuten backen und durchmischen.

6 Nach 30 Minuten die Rosinen hinzufügen und das Müsli fertig backen, bis es trocken und knusprig ist.

INHALTSVERZEICHNIS NACH KATEGORIEN

FLEISCH UND WURST

Avocadotörtchen mit Basilikum und Prosciutto, 34

Buchweizen-Pizzette mit Bresaola und Zucchini, 48

Gedämpfte Kalbfleischbällchen mit Spinat, 134

Glutenfreie Gnocchi mit Ragù Bianco, 100

Leichtes Hühnerfrikassee mit Estragon, 132

Putenschnitzel light, 146

Schweinefilet in der Folie mit Radicchio, 168

Vitello Tonnato light, 156

OBST

Avocadocreme mit Schokolade, 204

Gegrillte Ananas mit Honig und Zimt, 200

Kalte Melonensuppe, 30

Knuspermüsli mit Trockenfrüchten und Ahornsirup, 218

NUDELN UND GETREIDE

Buchweizenravioli mit Stracchino und Nüssen, 96

Dinkel mit gebratenem Blumenkohl, Gewürzen und Mandeln, 74

Gedämpfte vegetarische Ravioli auf chinesische Art, 118

Getreidekekse, 186

Haferflockenkuchen mit Muskovadozucker, 206

Hafersuppe mit Erbsen, Möhren und Lauch, 110

Linguine mit Tintenfisch, 84

Maiskuchen mit Schokolade und Rosinen, 214

Nudeln mit Gemüse, Tofu und Sprossen, 106

Quinoa mit mariniertem Feta, Tomaten und Oliven, 88

Risotto mit Zucchini und Ziegenkäse, 114

Sardische Gnocchi mit Artischocken und Sardinen, 76

Spaghetti mit Garnelen, Zucchiniblüten und Tomaten, 70

Vollkorn-Lasagne mit Linsen, 80

FISCH

Brick-Teigtaschen mit Lachs und Fenchel, 160

Goldbrasse mit Limetten, Kapern und Spargel, 152

Lachstatar mit Apfel, Fenchel und Dill, 138

Scharfe Riesengarnelen mit Lemongrass und Knoblauch, 124

Thunfischbällchen mit Oliven, Kapern und Pinienkernen, 172

Tintenfisch-Salat mit Fenchel, Orangen und Oliven, 44

Weiße Fisch-Päckchen auf mediterrane Art, 176

GEMÜSE UND HÜLSENFRÜCHTE

Brokkoliauflauf, 148

Cracker mit Tomaten-Mandel-Creme, 36

Gefüllte Tomaten mit Hummus, 60

Geröstete Brotscheiben mit Kapernpesto und Auberginen, 64

Kürbiscremesuppe mit knusprigen Kichererbsen, 92

Leichter Auberginenauflauf mit Ricotta, 128

Vollkorn-Ministrudel mit Radicchio, 26

Zucchini auf leichte Scapece-Art, 56

Zucchiniröllchen mit Thunfisch und Kapern, 40

EIER, MILCHPRODUKTE UND MILCHERSATZPRODUKTE

Ahornsirup-Joghurt-Torte, 190

Avocado-Toast mit pochierten Eiern, 142

Béchamelsauce ohne Butter mit Reismilch, 16

Blätterteigschnitte aus Carasau mit Stracciatella und Rucola, 104

Crostini mit Labneh und gebratenen Paprikastücken, 52

Eier à la Cocotte mit Pfifferlingen, 180

Getreide-Bananenbrot mit Heidelbeeren, 192

Mayonnaise ohne Eier mit Sojamilch, 18

Ricottaauflauf mit Tomaten-Confit, 164

Ricotta-Mousse mit Limetten und Erdbeeren, 210

Tiramisu mit Ricotta, 196

ALPHABETISCHES INHALTSVERZEICHNIS

A

Ahornsirup-Joghurt-Torte, 190

Avocadocreme mit Schokolade, 204

Avocado-Toast mit pochierten Eiern, 142

Avocadotörtchen mit Basilikum und Prosciutto, 34

B

Béchamelsauce ohne Butter mit Reismilch, 16

Blätterteigschnitte aus Carasau mit Stracciatella und Rucola, 104

Brick-Teigtaschen mit Lachs und Fenchel, 160

Brokkoliauflauf, 148

Buchweizen-Pizzette mit Bresaola und Zucchini, 48

Buchweizenravioli mit Stracchino und Nüssen, 96

C

Cracker mit Tomaten-Mandel-Creme, 36

Crostini mit Labneh und gebratenen Paprikastücken, 52

D

Dämpfen, 22

Dinkel mit gebratenem Blumenkohl, Gewürzen und Mandeln, 74

E

Eier à la Cocotte mit Pfifferlingen, 180

G

Gedämpfte Kalbfleischbällchen mit Spinat, 134

Gedämpfte vegetarische Ravioli auf chinesische Art, 118

Gefüllte Tomaten mit Hummus, 60

Gegrillte Ananas mit Honig und Zimt, 200

Geröstete Brotscheiben mit Kapernpesto und Auberginen, 64

Getreide-Bananenbrot mit Heidelbeeren, 192

Getreidekekse, 186

Glutenfreie Gnocchi mit Ragù Bianco, 100

Goldbrasse mit Limetten, Kapern und Spargel, 152

H

Haferflockenkuchen mit Muskovadozucker, 206

Hafersuppe mit Erbsen, Möhren und Lauch, 110

K

Kalte Melonensuppe, 30

Knuspermüsli mit Trockenfrüchten und Ahornsirup, 218

Kochen in der Folie, 20

Kürbiscremesuppe mit knusprigen Kichererbsen, 92

L

Lachstatar mit Apfel, Fenchel und Dill, 138

Leichter Auberginenauflauf mit Ricotta, 128

Leichtes Hühnerfrikassee mit Estragon, 132

Linguine mit Tintenfisch, 84

M

Maiskuchen mit Schokolade und Rosinen, 214

Mayonnaise ohne Eier mit Sojamilch, 18

N

Nudeln mit Gemüse, Tofu und Sprossen, 106

P

Putenschnitzel light, 146

Q

Quinoa mit mariniertem Feta, Tomaten und Oliven, 88

R

Risotto mit Zucchini und Ziegenkäse, 114

Ricottaauflauf mit Tomaten-Confit, 164

Ricotta-Mousse mit Limetten und Erdbeeren, 210

S

Sardische Gnocchi mit Artischocken und Sardinen, 76

Scharfe Riesengarnelen mit Lemongrass und Knoblauch, 124

Schweinefilet in der Folie mit Radicchio, 168

Spaghetti mit Garnelen, Zucchiniblüten und Tomaten, 70

T

Thunfischbällchen mit Oliven, Kapern und Pinienkernen, 172

Tintenfisch-Salat mit Fenchel, Orangen und Oliven, 44

Tiramisu mit Ricotta, 196

V

Vitello Tonnato light, 156

Vollkorn-Lasagne mit Linsen, 80

Vollkorn-Ministrudel mit Radicchio, 26

W

Weiße Fisch-Päckchen auf mediterrane Art, 176

Z

Zucchini auf leichte Scapece-Art, 56

Zucchiniröllchen mit Thunfisch und Kapern, 40